# MONIKA VASIK

# hochgestimmt

GEDICHTE

ELIF VERLAG

# IMPRESSUM

Veröffentlicht im ELIF VERLAG
Erste Auflage: März 2019
Alle Rechte vorbehalten
© Cover: Ümit Kuzoluk . uepsilon.com
Printed In Germany
Alle Rechte vorbehalten
ISBN 978-3-946989-18-9

## touchée

deine ins ohr geballte stimme
soundgöre du swingst dir einen
zungenrausch verblüffend leicht
phrasiert dein jazz auch pop
dein soul und blues
im notenfluss die raureif du mit
nikotin durch haut und haar gerieben
welch spröder schmelz frischfrech
aus jedem lied pulsiert ein kurzroman
im rhythmus deiner fröhlich bunten töne
die lippenspitz voll witz voll kraft
chansons charmant changieren

ZAZ (Isabelle Geffroy): geb. 1.5.1980; französische Sängerin: Chanson, Jazz, Songwriterin.

## glockenspiele

die eigene stimme lieben lernen
und das vertrauen in jene musik
die dir zufiel eines tages deine seele
berührten opern wurden zeugnisse
deines beharrens und wachsens
öffneten dir mit jeder rolle belcanto
fenster für überbordende wandlungs
freude die du von innen nach außen
strahlen lässt diese natürlichkeit
in der fülle deiner geschmeidig
warmen mittellage der scheinbaren
mühelosigkeit weicher triller im
filigran deiner verzierungen und
im unangestrengten höchster spitzen
töne die mal silbrig mal duftig mal
keck dann wieder samtüppig oder
durchtost mit quirliger energie ach
wie famos du mit dem kristall
deiner koloraturen spielst

Pretty Yende: geb. 6.3.1985: südafrikanische Sängerin: Oper, Lied.

## animae

der anfang einfach war mit zwei
mit drei dir lauter klänge pulsten
wie milch wie blut und blütenblatt
für blütenblatt die augen zart
geweitet vom ursprung ella f
berührt der dich so gut anfühlt
verwurzelt tönst unbeschwert du
dich davon vergeudest mit klarer
stimme pitch-perfect keinerlei zeit
nimmst dir das beste nur from anyone
wendest es wickelst die stimmung
selbstbewusst ins diesseits dir liedflink
zurecht auf rhythmusspuren zwischen jazz
und pop im sing im schwing du seelig immer
furchtloser gelassen bist voll harmonie
one step ahead die eigne stimme du
mit jedem wesenston gebierst

Nikki Yanofsky: geb. 8.2.1994: kanadische Sängerin: Jazz, Pop, Soul. Songwriterin.

# scherbenspiel

unterwegs im klingenden käfig
das innige äußerst verdunkelt
schlief ihr ein lied zwischen allen dingen
kunterbunt ein talent lang
um verstör sich zu schaffen gehör
jenseits von grellglitzerglimmer
war laut sie zu leise sich gewesen
how joyful her soul
ertränkt schmerz einsamkeit lust
oder ist pop der spagat von begabt
zu zerbrechlich mit heiser
gezupftem alt ihr spiel mit der
stimmung für jedermann
omen und beute
im eigenen text den beats im
zerkratzten kehlkopfambiente
hundert mal schon
verloren für zeit welt und immer
passion die den horizont verrückte
zum überleben das verloren
ging schließlich an einem sommertag
her day did come

Amy Winehouse: geb. 14.9.1983; gest. 23.7.2011; britische Sängerin; Rock, Blues, Jazz, Reggae, Soul.

# gläsernes sentiment

what a diff'rence a day makes
während der harschen fünfziger
wenn du als schwarze und frau und
bald berühmt in amerika auflautest
erinnerungssatt deine stimmlippen
sind in vielen genres zu haus sie
flippen köder aus uncodiert ihr
ton sitzt auf anhieb phrasieren sie
worte von resoluter klarheit zum
durchdringend bluesigen aufruhr
ihrer lieder mit der brennlust deines
herzens willst gehört werden du
fügst schillernd dein zartes vibrato
zwischen melancholie und glamour
makellos luxuriös deine eleganz
unterstreicht die perfektion
deiner wandlungsfähigen stimme
die dich aus dem raster der rassen
crossover in den mainstream
für allzu kurze zeit jazzt verhalten
gospelt und popt auch

Dinah Washington (Ruth Lee Jones): geb. 29.8.1924; gest. 14.12.1963; amerikanische Sängerin: Blues, Jazz, R&B, Pop, Gospel. Pianistin. "Queen of the Blues".

# rändern

das achtsame hinein und heraus horchen
gibt es das wirkliche in den poesien
estnischer dichter und in eigenen texten
gibt es das kühnkreative aufmerken deiner
stimme das hü das hott ihres suchens und findens
performst du mal einfach mal polyrhythmisch
ihr explosives springen von note zu note
prallvergnügt in die freiheit deines ausdrucks
noch im murmeln geschmeidig dein scherzen
dein flüstern hochfliegendes seatten beseeltes
die vehemenz deines erdens in die stille tropft
zeiliges wieselt zustürzt aus deiner stimme
schleift flitzt oder huscht folk in jazzige
harmonien und ätherische soundwelten gibt es
die experimentelle akrobatik deines kehlkopfs
ein schwirren von buchstaben das geschrei der
silben sie prallen sie dringen pelzen sie sirren
von deinen lippen umkoste worte die du
mit elektronischen effekten unterlegst zweiweis
im trio quartett oder mehr ihr aufrucken durch
zwirbelt lusthelles zum gewirk deiner hand
die möglichkeiten dynamisch umspielt dir die
töne aus kehl kopf und körper herausdirigiert

Kadri Voorand: geb. 18.11.1986; estnische Sängerin: Jazz. Pianistin. Komponistin, Songwriterin, Arrangeurin.

## wenn du singst

wie leicht sich alles anhört für unsre ohren
wenn du dein ganzes vermögen in die melodie legst
deine stimme als instrument über noten gleitest dir
töne und klänge sanft dehnst dynamisch nuanciert
mit kontrolliertem vibrato und perfekter intonation
sie in tiefste lagen hinabgleitest sogleich geschmeidig
hinaufstieben lässt in höchste höhen dich nie festsingst
sondern stile und grenzen ignorierst denn *i just love
good music* sagst du lebst jazz und triviale songs
mit der gleichen intensiven freude aus der pulpa deines
kehlkopfs und den sinnen des mundes scattest dir töne
zurecht die meisterlich robust und sensibel zugleich
zart und üppig über drei oktaven swingen in wendigen
rundungen wie linkisch hingegen heben kaum ab unsre
stimmen aus den engen des vokabulars der bewunderung

Sarah (Lois) Vaughan: geb. 27.3.1924; gest. 3.4.1990; amerikanische Sängerin: Jazz, Bebop, Pop. Pianistin.

## schmerzenslust

präsent als la llorona bist du
die frau die mit zwei gitarren weint
oder einer schwarzen rauhen stimme
mazeriert in rauch und tequilafässern
umschillert sie geschlechterrollen
singt pathetisch von bitterer
zärtlichkeit begierde und als erste
von leidenschaftlicher liebe zu frauen
um die sie wispert flüstert und bittet
wie sie eben noch gurrt wie sie fleht
sich plötzlich aufbäumt nun zischt
sie schreit und brüllt mit deinen händen
von bühnen herab uns frappante ein
dringlichkeit ins gesicht und wie sie
schluchzt ein expressives schaustück
deiner palette von gefühlen die das leben
in allen höhen und tiefen auskosten mit
jedem raulederen ton der verletzten
seele du warst früh radikalforsche
feministin tratest ohne den firlefanz
der mexikanischen folklore in hosen
und knallbuntem jorongo vor uns hin
eine königin der rancheras mit großer
pose unter der tiefe einsamkeit glüht

Chavela Vargas: geb. 17.4.1919; gest. 5.8.2012; costa-ricanisch/mexikanische Sängerin: Ranchera, Bolero. Gitarristin. Schauspielerin. „Königin der Rancheras"

# willenssachen

*komm ein bisschen mit*
und dein jasagen ist glasklar
ohne hauch des verzärtelns
sei weich sei stark und
absichtsvoll verkleinerst du
nicht deinen willen
es zu schaffen mit zähem
ehrgeiz und musikalität
in die arbeit verbissen
machst du dich zum instrument
treibst dein rhythmusgefühl
die pflichten deiner stimme
zwischen soll und habe
hippelig bis zur perfektion
erst dann hebst du den vorhang
entfaltest vielerlei
leichtigkeit die natürlich wirkt
alles schlager und exotische
anmut zum schwärmen
mitsummen träumen
unermüdlich dein lächeln
diese munterkeit einer tadellos
fröhlichen fee die sehnsüchte
ihres publikums interpretiert
in der deutschen wirtschaftswunder
dieser spießigen biederzeit
sie stößt dich an grenzen
über die du dich weltläufig
hinwegfliegst nach anders
wo du in 13 sprachen
mit brasilianischem flair oder
jazzend jubelstürme erntest
hast du es wirklich geschafft

Caterina (Germaine Maria) Valente: geb. 14.1.1931: italienische Sängerin: Schlager, Pop, Jazz, Chanson, Musical, Bossa Nova. Gitarristin. Tänzerin, Schauspielerin, Entertainerin.

## zeitlose

und dennoch
dein glaube an die macht jener musik
die irans mullah regime provoziert
sobald frauen singend ins spiel
sobald sie ihren körper als instrument
ihren atem wie du mit dem odem
persischer gedichte von hafez rumi
oder farrokhzad zu tönen verweben
verwurzelt in klassischer sängerinnen
tradition bewahrst du dir resilienz
schickst unbeugbar deine stimme ins exil
als akt des widerstands die nur übers internet
und auf kopierten tonträgern ihren weg zurück
in dein land findet denn unfrei zu singen
bedeutet nicht atmen zu dürfen nicht
frei sein zu hoffen zu sehnen zu lieben
in altneuen melancholisch kundigen weisen
durchdrungen von poesie interpretierst du sie
ins heute treibst mit geschlossenen augen
zum leichten wogen deiner hand expressiv
aus dir sprießende töne lässt knospen sie
aus den stärken der verwundbarkeit

Mahsa Vahdat: geb. 29.10.1973; iranische Sängerin: traditionelle persische Musik, Folk, Komponistin.

## facettenreich

absichtslos liegen bleiben
kann man in kindheitsgründen
oder wie du mit jeder seelenfaser
daraus erheben sich genährt
von phantasie und niemals mehr
dem reinen zufall das eigne überlassen
wollen den hunger nach perfektion
im aussingen der stimme makellos
ist glanz um dich professionelle
broadwayleichtigkeit die kreativ
du lebenslang dir abgerungen
im timbre der strahlkraft jedes tons
jedem so eindringlich gesprochnen wort
trägst brooklyn du so bittersüß im blut
verschmelzen zweifel selbstzuversicht
bis in die letzte innenhaut bleibst du
im endlos langen atem bei dir
allein auf aug und aug

Barbra Streisand: geb. 24.4.1942; amerikanische Sängerin: traditionelle Pop- und Jazzstandards, Softrock, Balladen, Swing. Songwriterin, Autorin, Schauspielerin, Filmproduzentin, Regisseurin.

## takten und lichten

was würde passieren wenn
ist dein anfang musikalischer freiheit
dies spiel mit genres zuordnungen
identitäten ach was
du willst weit darüber hinaus
erfüllt von intensiver lust ohne hemmnis
deinen jazz mit progressiven klängen
entwickeln vom ersten sound
britzeln direttissima zu melodisch und
harmonisch reich verzierten fusionen
unbedeutsam welche namen andere
den schöpfungen geben aus denen deine
leichte grazile stimme frei schweifende
kunst glitzert die melodien der blechbläser
nachscattet mit piano und gitarre disputiert
trällernd säuselnd kieksend juchzende
kapriolen schlägt oder sich im duett mit
deinem grandios gespielten kontrabass
misst in nebeneinander geführten
komplexen bögen selten auch unisono
soundscapes und flirrende tonpoesie
improvisiert mit geschlossenen augen
feinsinnig lächelnd du uns umhipst

Esperanza (Emily) Spalding: geb. 18.10.1984: amerikanische Sängerin: Jazz, Jazz-Fusion (Pop, Funk, Hip-Hop, Prog Rock, R&B, Latin). Kontrabassistin, Bassistin. Komponistin.

## korrespondenzen

die bekannten pfade verlassen
müssen und nicht ersticken an
geschwärzten wörtern den schreien
sondern aufbegehren ungebrochen
die zerbröselnden fugen der welt
mit stimmband kehle atemlauf
aufnehmen und heraussingen
mit jeder faser furiose anwesenheit
ist ein politischer akt auf der bühne
stehst du als wärest du oben
nie allein wenn die reife kraft deiner
töne tief in der erde argentiniens
verwurzelt sich formt aus dir heraus
magische momente schwingt in
gemeinschaft von melodie und atmenden
körpern ein auditorium jäh entflammt
bist du präsenz die uns das herz
auf einmal bis zum hals pulsiert
den furor von möglichkeiten im klang des
jetzt als samen in unser sein entfaltet
dies echo menschlichen ausgesetztseins
das deiner stimme nie verloren geht
und sich in unsere kehlen fortpflanzt
bis wir als geeinter mund schließlich
*gracias a la vida* singen

Mercedes Sosa: geb. 9.7.1935; gest. 4.10.2009; argentinische Sängerin; südamerikanische Folklore, politische Protestlieder, galt als „die Stimme Südamerikas".

## urknallhybride

täglich im dämmerlicht ein wort auf
begehrend dreht sich dein erster gedanke
noch heute ums wort musik schlingert
dir immer nur danach zu als möglichkeit
deine poesie beat für beat für beat du
lässt dich vom rhythmus der sprache
in den rock 'n' roll hinein tragen kaust
worte zu bildern stöhnst sie halb atemlos
gegen den strom wechselnder moden
oder raunst flüsterst und röhrst
lebensvernarbte lyrics spuckst von bühnen
deine raue textur aus gesang und
gesprochene elemente verschleppen das
tempo voll hingabe zwischen rebellion
und tiefer trauer mit amateurhafter wut
vibrierst du kompromisslos melodische
meditationen balladen minimalistische
rocksongs mit fliehenden haaren ein
kunstwerk das offen das lächelnd seine
vielheiten aus abgewetzten boots reckt

Patti Smith (Patricia Lee Smith): geb. 30.12.1946; amerikanische Sängerin: Rock, Punk, Folk. Songwriterin, Gitarristin, Klarinettistin. Lyrikerin, Fotografin, Malerin, Performerin. „Godmother of Punk"

## hohepriesterin des soul

willst niemals jazz nennen deine kunst
es ist deine art des politischen denkens
handelnd ziehst du mit jedem lied
in den kampf für die liebe und gegen
den ewigen almanach des rassismus
den du spürst und spürtest ihn bis
in die spitzen jedes einzelnen haars
als der weg zur ersten schwarzen
konzertpianistin dir für immer
verwehrt und spürst ihn immer wieder
die angst bleibt als marternde welle
genauso vertraut wie unermessliche
verzweiflung machtlosigkeit wut
du schwingst musik aus den halden
der enttäuschung bis an die schwellen
des schweigens interpretierst selbst
geschriebenes und coverst songs die du
empathisch dir jedes mal anders deutest
sie runter improvisierst bis an die knochen
nie reinschön doch wesentlich sprichst du
den afroamerikanischen stolz an und
manchmal ist dieser ewige schatten
dann nicht mehr mit dir auf der bühne
obgleich dich dieselbe aura umgibt
hat er sich für momente von dir gelöst
macht dich frei im klassischen spiel
des klaviers wenn du anklänge an bach
inniglich mit kehligem folk und blues
zu deiner black classical music vereinst

Nina Simone (Eunice Kathleen Waymon): geb. 21.2.1933; gest. 21.4.2003; amerikanische Sängerin:
Black Classical Music (Jazz, Soul, Blues). Pianistin. Songwriterin.

# euphonie

die leisen farben zunächst
hältst du einen moment
lang die luft fest
über dem gespannten zwerchfell
bis die tonsaaten aufkeimen
da strebt dunkles betörend
raukräftig ans licht ein maßvoll
aufgeladenes tropfen ein quellen
schließlich ströme das stimmland einer
poetin ergießt song für song
verflüssigte töne schwimmen auf dem
rhythmisierenden beat der dir zudient
den wellenbewegungen deines alts
der farbenprächtig sogar noch im plätschern
der zulässt ein virtuoses stranden
dennoch fließende bewegung bleibt
für die unsere ohren zur tür werden
im kräftigen reißen des alltags
schwingen resonanzen und wir
lieben auf einmal unsere leben
die sich richtig anfühlen
achten auf liebe ton für ton
geklärt von deiner hingabe
rund vier minuten lang

Sade (Helen Folasade Adu): geb. 16.1.1959; nigerianisch-britische Sängerin: Soul, Smooth-Jazz, R&B, Pop, Soft Rock. Songwriterin, Komponistin, Musikproduzentin

## wund

ausatmen und innehalten
die stille einatmen
dann das aufbrechen deiner klagenden
stimme die sich nach liebe sehnt
voll wehmut lebt sie in enttäuschungen
gedüngt mit einer handvoll dornen und
einer messerspitze salz verwandelt sie
verhalten die schatten der trauer
in allerschönste seufzer des fado
der von tiefer seelenpein zeugend
jedes wort in dein gesicht spiegelt
du hast ihn anverwandelt dir
traditionelle klänge mit neuer poesie
geeint weit über sprachgrenzen hinaus
ihn getragen auf dramatische podeste
dort stehst du im schwachen licht
ziehst den schal schwärzer um die
schmalen schultern und zelebrierst
mit offener kehle genussvoll das pathos
des weltschmerzes das jeden abend
anders du zwischen die perlenden saiten
der guitarra portuguesa und den warmen
klang der klassischen gitarre schmiegst
und ähnlichkeiten anklingen lässt in uns
stillverschwiegenes erinnern das du
in melancholischem wohlklang löst

Amália Rodrigues (Amália da Piedade Rebordão Rodrigues): geb. 23.7.1920; gest. 6.10.1999;
portugiesische Sängerin: Fado. Songwriterin, Schauspielerin. „Königin des Fado".

## haus mit vielen stimmen

einfach musik sein rhythmische anmut
durch deine fenster und türen hinaus
wachsen lassen fragiles die durch
schlagskraft eines lieds du tarierst
schatten behutsam aus färbst freude mit
jedem atemzug mit jeder kleinsten regung
verkörperst du ungeheure freiheit
in der vielgestalt deiner stimme ihre ausdrucks
macht ist dein schmeicheln ihr grummeln
dein lachen ihr trauern dazu das zucken
der zunge am gaumen schnalzend vibrierend
schillerst du hingebungsvoll jazz latin und
karibische klänge ins intime gespräch mit
klavierakzenten drumwirbeln verlässlichen
bassläufen dann wieder zelebrierst du im
großformat als rückgrat bigbands und orchester
wahrhaft nuancierte einzigartigkeit note
für note verwandte seelen die uns berühren
weil du mehr als dein instrument klingen
lässt deinen spirit erfahrungen innigstes
fühlen hinaus in eine lustvolle jonglage
mit tönen verwandelst konsonanten
vokale und silben im freien fluss

Dianne Reeves: geb. 23.10.1956; amerikanische Sängerin: Jazz, R&B, Blues, Soul, Gospel, Pop.

# im zwischen eins

dein poetisches verlangen nach musik
umhergeworfen zwischen zwei länder
gerissen zwei kraken dennoch weiter
unbeirrbar weiter zwei quellen rieseln
in stücke dich ihr verlieren ihr finden
sie sprudeln die freiheit der töne dir zu
dein übersetzen ins lächeln des kehlkopfs
das ausblüht in drei sprachen seine
soulstimme hinaus in die welt reift
wie sie soundverliebt säuselt wie sie
scattet und schmettert sich genres
neu zusammen dich lichtet im singen
deiner selbst komponierten lielielieder
ihr nachhall in den muskeln deiner arme
und hände malen anmutig echos in die luft
reine hingabe gestehst du eigen dir zu

Ester Rada: geb. 7.3.1985: äthiopisch-israelische Sängerin: Soul, Funk, R&B.
Songwriterin, Komponistin, Schauspielerin.

# la môme piaf

ach singen
lindert nie die wirklichkeit
doch du weißt wie sich einsamkeit anhört
als wäre sie magie derart eigenwillig deine
phrasierung deine dringlichkeit jeden abend
stimmst du dir mitten in der brandung
die liebe ins kleine schwarze reißt sie aus
deinem fleisch über kehlkopf und zunge
hinaus in die wärme der scheinwerfer
einfache melodien sind es intensiv orchestriert
die von dir ins vibrato gepresst nichts bedauern
du blätterst sinne auf dies leuchten der leidenschaft
swingt frei von bedingung aus dem schatten
deiner schlüsselbeine in kopf und füße
zwischen du und du wehmut und aufbegehren
mal absturz mal verzweifelte seligkeit
zerwühlen dein gesicht
während wir trunken im halbdunkel
ohne eigene melancholische vorhaben
sanftrhythmisch beben

Édith Piaf (Édith Giovanna Gassion): geb. 19.12.1915; gest. 10.10.1963; französische Sängerin;
Chansons, Balladen

## bittersüß

die straße und wie sie dir zufiel
du liebst diesen ort wo du herkamst
dein purismus des tingelns auf asphalt
mit der gitarre virtuos in beiden händen
hier wie dort singst du über das leben
nie um das leben herum verdichtest
das besondere jedweder beschädigung
in geschichten aus fleisch und knochen
aus haut und blut die vom wirschen
des diesseits erzählen von innigen
körperkonfusionen zwischen fatalalb
wehmut und freuden die du gedimmt
zum klingen bringst sie kleidest
mit der patina der 30er und 40er jahre
verhalten phrasierst du in die länge
gezogene töne die sich hinter dem beat
verbummeln wenn deine altstimme die
grenzen des jazz auslotet dich mit sinnlicher
neugier weit darüberhinaus wagt
in die freiheit deiner straße zwischen
himmeln und erden wo dein gemüt aufblüht
wie beiläufig aus den abgründen deiner
stimmlippen sich leichtigkeit löst

Madeleine Peyroux: geb. 18.4.1974; amerikanische Sängerin: Jazz, Chansons, Blues, Funk, Folk, Country, Gospel. Songwriterin, Komponistin, Gitarristin.

## verkörpern

bloß geschichten auf dem podium erzählen
willst du in opern konzerten in liedern
mit expressiv gesilbten worten dich selbst
hingebungsvoll zurücknehmen
beim annähern an figuren kriechst du nie
scheineilig in sie entrollst inniglich dir
auch ihre mehrlagigen schatten
ehe du sie in deine wunderkammer hinein
interpretierst deine stimmlippen lichtest
mit rundem timbre aus dem momente ihres
empfindens mal wolkenweich mal kernig
schweben ihr herzschlag ihr augenklang
modulieren glockig hinaus ins echte leben

Marlis Petersen: geb. 3.2.1968: deutsche Sängerin: Oper, Lied, Konzert.

## macht der einfachheit

nenn pur es vertrauen
den behutsamen schritt zurück
an die quellen
lebenssatter musiktraditionen
die nicht von ungeduld überwältigt
*le beko* mit seinen dunklen schattierungen
wächst in der silberhellen vielfalt deiner
stimme die frei nicht nur
über tanzflächen fließt
schon früh saß sie zwischen ihren
brüdern und schwestern
und heute noch swingt sie elegisch
mal sandharsch mal schneidig
mit dem wissen der jahre gereift
legt sie kämpferische töne
geschmeidig ineinander
zum madagassischen blues
der unsere sinne aufraut
wenn wir den balladen lauschen
aus denen kulturen melangierend
deine wahrheiten knistern

Lala Njava (Gabrielle Raharimalala): geb. 1958: madagassische Sängerin: Bluesballaden

: ## klangsinnlichkeit

welchen klangraum wir einnehmen
und welchen wir spielend erfüllen
du jedoch öffnest jeden abend neue
fenster und türen federst arien auf
uns zu hellste berührung zwischen
die lauschenden hinein lässt du stille
wachsen romantische reglosigkeit
über der intervalle schweben fremdes
begehren kaum eingehegtes wie wut
stolz und enttäuschung nuancenreich
in den sattrund warmen höhen auch
aus deinem dunklen mittleren register
entwickelst du wahrheiten von lieben
ihre echos in der prächtigen resonanz
deines ganzen körpers die ihm nie
zweimal gleich wahr gelingen während
du tanzt deine hüften leichthin räkelst
mit den armen die luft zerteilst allein
die knochenharte arbeit bleibt unsichtbar
dein gewinn stets methodisch im blick

Anna (Jurjewna) Netrebko: geb. 18.9.1971; russische Sängerin: Oper.

## weiträumiges improvisieren

es reicht nicht sich bequem einzurichten
nie
denn jazz ist dein wagnis der kehlkopf
leichtlippig dein versuchslabor für wandel
bare klangschattierungen ohne scheu
schöpft aus lockungen des moments
beim interagieren mit ihren begleitern
deine stimme wallt furios an schwillt
hoch um sogleich wieder zart
schmerzlich nah ans schwinden zu driften
den hauch der anmut improvisiert sie
gurrt knurrt quietscht und summt wie
du ploppst schnalzst und scattest
sachte wucht die ein lächeln ziert
in vokalisen mit präziser intonation
mit eindringlich expressiver phrasierung
modulierst du spannung zwischen die
töne in unangestrengter einfachheit
auch wenn nur deine kalimba ausreizt
den sound von stimme und stille

Youn Sun Nah: geb. 28.8.1969; südkoreanische Sängerin; Jazz, Folk, Pop, Rock. Komponistin.

## gospedelia

bis zur essenz der wahrheit dringen
dein ziel ist diesen intensivsten moment
beim singen zu spüren
und beim komponieren
wider kommerz wider tausend
mal erprobte harmoniestrukturen
willst du unangepasstes souverän
entwerfen trotz zweifeln und ängsten
elegisch schwebende klanglandschaften
und symphonische meditationen kreieren
aus denen deine soulstimme sich expressiv
entfaltet weitschweifig durch orchestralen
pop und jazz mäandert und farbenreich
ätherische collagen mit spirituellem
unterton glimmert in deinem flow viel
schichtig die freuden der inspiration

Laura Mvula: geb. 23.4.1986; englische Sängerin: Soulpop, R&B, Jazz. Songwriterin, Komponistin, Pianistin.

## aufrühren

dass man probleme löst mit einem lied
im folk im jazz im pop im rock
schon lachst du warst doch immer schon
auf dich allein gestellt *let's face it*
sagtest du abgeklärt *i had no choice*
als all die jahre zu komponieren und
singend dir dieses geflecht aus liebe
krankheit welt zu klären voll schwung
kleidest du ursprungsquellen in poesie
wiegst wippst und sprengst auf eigne faust
erzählst geschichten schräg mit melodien
malst gänsehaut uns auf den rücken alles
was dich im singenden empfinden
seltsam hellt sich deine stimme obwohl
die reinen höhen sie verliert gewinnt sie
sinnlichkeit im alt selbstmitleidsfrei so
traurigfroh ins leben fliegt sie uns los

Joni Mitchell: geb. 7.11.1943; kanadische Sängerin: Folk, Pop, Jazz, Rock. Songwriterin.
Gitarristin, Pianistin. Malerin.

# schattenblüten

k o n z e n t r a t i o n
ein innehalten
ganz bei dir
in wahrhaftiger klarheit
wenn du die inneren stimmen
in deine singstimme lebst
vom rhythmus der jammernden
gitarre gelockt lässt widerfahrenes du
aus dir sprießen fadista
ein traurigfrohes wehen
das pfeilgerade
in jedes herz zielt saudade
unter unsere zwerchfellkuppeln
voll hingabe zwischen schmerzlust
und weltleid a visceral feeling
das deine worte nicht versteht
aber die vollkommenheit
deines instruments den rausch
befreiter töne der zügellos
in emotionen rührt

Misia (Susana Maria Alfonso de Aguiar): geb.18.6.1955; portugiesische Sängerin: Fado, Tangos, Boleros.

## pure intensität

brücken schlagen über die zeit
mit deiner stimme hin und her
reisen in alten hadern neuaktuell
auch durch längst vergessene lieder
und komponierend dir eigenes entwickeln
mal mädchenhaft zwitschernd auf bühnen
mal mit theatralischem schmettern
dein zischeln dein schmeicheln dein flüstern
oder spielerisch frohsinn ob funky
ob frech protzend nie sondern tricky
in genauester artikulation bist drama
du phrasierst dich in rollen an die wir uns
staunend heran hören wie du den klang
eines worts zwischen zunge und gaumen
wiegst seinen bedeutungen beharrlich
nachspürst im format deiner geschichten
deinen körper kaum bewegst doch
in deine mimik zeichnest subtiles
eine kunst die nie leichtigkeit verliert
wenn sie ihre töne über jedes einzelne
härchen unserer rücken prickelt

Cécile McLorin Salvant: geb. 28.8.1989; amerikanische Sängerin: Jazz. Komponistin.

# schöpfung

salzig und grau jeder tag
doch vertrauen
wo hautnah jeder rundum
ums überleben ringt
in deine liebe zur musik
à la miriam makeba
ersingst du dir in chören
ein refugium der freude
und spaß
eines tages
traf dich der zauber der oper
und einer kam auf dich zu
half dir hinaus
in andere dimensionen welt
diese weite der verheißung
deren töne du bedachtsam
an afrikanischen wurzeln reibst
sie ineinander windest
zum verlässlichen tau des luftspiels
deines lyrischen soprans
der die distanz zwischen deinen
zwei leben überbrückt

Pumeza Matshikiza: geb. 27.2.1979; südafrikanische Sängerin: Oper, afrikan. Traditionals.

## une voix jazzée

gelbe narzissen und plötzlich die lust
blumen von stimmbändern zu pflücken
auch schwarze orchideen wächst zeitlos
du mit der elektrizität des augenblicks
aus dem beat der vergangenheit
weckst anklänge musikalische erinnerungen
denen du nachspürst beständig verwandelt
auf der suche nach den wahrheiten anderer
die klangwelten deiner ikonen phrasierst

da tritt der krebs vernichtend auf dich ein

er ist kein song wird nie dir einer sein
du haderst weinst ballst bald die faust
die dein vertrauen reift zu dir und deiner
singkraft lebensfrohe möglichkeiten
zeigst du lichte neugier auf unbekanntes
entdeckungsreisen durch genres dir jetzt
andere formen klangräume zugestehst
die vielfalt von tonfarben durchlebt
in neuer bewegungsfreiheit deine stimme

Malia: geb. 1978; malawisch-britische Sängerin: Jazz, R&B, Soul, Pop. Texterin.

## mama afrika

welch kosewort das dich ehrt
mutter eines kontinents du
warst lange verstreut von wind und zeit
über den erdball ach
von einer ängstlichen apartheid verrückt
die das trällern von stimmen
fürchtete dein bluesiges
wahrsprechen hinter den noten
eingebrannt bleibt dir die chronik
dieser tage und nächte
die ein jojoleben lang
durch deinen körper pocht
wunden schaudern narben
verflucht über jahre gesegnet
mit der liebe zu tönen schlägt dein herz
in einem mund voll hoffnung
im sanften schwingen der schritte
niemals allein und ohne bitternis
wird jedes frische lied
dir zur flagge die du keimst
aus dem lebendigen kelch
emporwächst als hätte es luftwurzeln
die weit hinaus in die welt reichen
zugleich tiefzart das verzweigte
geflecht deiner heimat berühren

Miriam Makeba: geb. 4.3.1932; gest. 10.11.2008; südafrikanische Sängerin: Afropop, Blues, Jazz, Folk

# arabische nachtigall

noch heute sprechen sie von dir
du mythos du ikone ägyptens
noch heute strahlt deine stimme
poesie aus radios in taxis in cafés
nuanciert und entschlossen
warst frau du und künstlerin
ein pioniergefäß in der orientalischen
welt verkörperst panarabisches
fühlen zwischen liebe und religion
den eros von heimat von politik
und tausende jahre alten sand
subtil ist der gesang deiner seele
der ihre geheimnisse wahrte
zart und schrill derart kraftvoll
ob schalmeiend rauchigdunkel
oder kontrolliert triumphierend
ohne suggestive körperbewegung
dehnst und streckst du ihn zu
jeder einzelnen der dich liebenden
menschen die hören lauschen dabei
nicht reden denn jeder deiner töne
wirkt als medizin
zugleich als rauschmittel
ist teil deines aufbruchs der noch
immer wärme gibt um für momente
das zeitjoch der menschen zu lösen
in der wonne jener gegenwart
die du hell spornst mit einem lied
voll disziplinierter leidenschaft

Umm Kulthum (Fatima Ibrahim El-Beltagi): geb. 4.5.1904?; gest. 3.2.1975; ägyptische Sängerin: Lied.
„Diva von Kairo"; „Stern des Orients"; "Stimme Ägyptens".

## seim

dein zelebrieren von melodien
wirklichkeitswitternd unsre hellhörigkeit
die aneinander geöffneten töne
erfunkeln gläserne weltenräume
schimmernd getragen von klavierklängen
etwas erdig pures deine stimme
schmeichelt dunkelkühl mattierte
echos mit streiflichtern heiterkeit
die nicht greifbarer als ein luftkriseln

jenseits der noten lebt die ganz eigene
time deines ausdrucks verhalten auf
das goldumrandete wachs der liebe
und die dem feuer abgewandte seite
halbe magie im zwielicht atemlichter
honig der in die adern tröpfelt in körper
höhlen sickert unter harmoniesüchtige
gänsehaut aus mehreren lagen sommer
und lauen nächten sekundenweis

Diana Krall: geb. 16.11.1964; kanadische Sängerin: Smooth Jazz, Pop, Bossa Nova. Texterin, Pianistin, Komponistin, Musikproduzentin.

# grandezza

das dasein ist eine dreckige wunde zumeist
dreimalzwei augenblicke wie messerstiche
axthiebe ins tiefe danach unwirksames das
flächige beschönen mit schleifwerkzeugen
man darf es benennen muss zur affirmation
nichts vergolden nichts mit glitter verpflastern
auch kein kleinschweifen und derart abstraktes
wie anfreundung bis zum abwinken vor sich her
schieben oder zierlich stolpern beim hampeln
durch die wirklichkeit vernarbender stillleben

anhänglich ist die angst nicht allein deine furcht
vor dem absturz sie kratzt an den geraspelten
stimmbändern unter dem schutz des wolfsfells
und jenem perfekter arrangements singen sich
klarer dein aber dein oder die sich in ein verhältnis
setzen aus leidenschaft leichtfüßig vom
fall zu den dämonen ins abseits erzählen
in jener sprache die alle menschen verstehen
deine gebeizten ecken und kanten umarmen
den puren willen mit schattierungen von moll

Kovacs (Sharon Kovacs): geb. 15.4.1990; niederländische Sängerin; Pop, Soul, Blues, Songwriterin.

## auratisches leuchten

von überlappungen singen nahen schneidungen
jenem rauschen der welten das du in liedern
es ist keine analyse einer spielenden frau
das verwandeln der freiheit deiner afrikanischen
wurzeln in vollreife klänge dies schwellende gurren
und bellen dein fauchen klagen dein schmeicheln
während draußen börsen rasen und menschen
erdest du dich wenn du impulsiv über die bühne
tänzelst unter den flügeln deiner gelassenheit
du bauschst afrikanische kleider um deine stimme
verzierst sie mit westlichen bordüren und litzen
in dichter offenheit willst du keine hautfarbe
und keinerlei grenzen kennen umgarnst mit dem
wärmenden hauch der fairness feierst gleichheit
im anderssein und wehst verständigung frei
mit einem stimmgewaltigen lächeln
das unsere arme und beine entpflichtet
verführt zu pulsierenden reflexen während du
ein konzert lang in eintracht uns mitreißt im
atmen von lebensfreude und nachdenklichkeit

Angélique Kidjo: geb. 14.7.1960; beninische Sängerin: Mix aus afrikanischer Folklore, Jazz, R&B, Afro-Pop, Latin, Funk, Soul. Songwriterin, Tänzerin, Choreographin.

## extravaganzen

all is loneliness and bluesrock
zügellos zwischen stimmbändern vernistet
mit denen ihr herz bis zur erschöpfung seilspringen übt
dieses paradiesvögelchen der sechziger das einsam
zwischen just a girl and mean mean woman zerflattert
mit akne und gewichtsverstörungen
wirft singend ihre anker aus tönen ins leben
dabei tabus und barbiestereotypien allerleirau
zerschmetternd auf der suche nach liebe oh liebe
wirft statt dessen sich selbst
im feinnervenfeuer mit äußerster kraft
in jede note jede einzelne silbe ausschweifend
röhrt sie schreit haucht keucht röchelt und flüstert
sich drogen als tröstung als brennstoff
gets herself going and going and

Janis Joplin: geb. 19.1.1943; gest. 4.10.1970; amerikanische Sängerin: Blues, Rock

# bestäubt

dieses lässige begleiten am klavier
kaum zu verbergen gelingt dir
das fulminante vermögen auch
deiner kehle denn allein
vielseitige sanftheit willst du
verwurzelt in amerikas musik
traditionen ton für ton
die du weichsamt und seidig
von deinen stimmlippen löst
hauchzart wächst du sie frei
als seien sie pollen
ein verlockendes wolken
natürlicher leichtigkeit
das in die luft vibriert
wir sehen dies süßgelbe knistern
und zartlindes schwebt
zwischen die ohren
schmiegt sich zu akkorden
mit den inneren stimmen
eine melange der nostalgien
die du laid-back
phrasiert triffst

Norah Jones: geb. 30.3.1979; amerikanische Sängerin: Jazz, Country, Folk, Soul, Pop. Pianistin (spielt auch Gitarre, Saxophon, Tompete), Songwriterin.

## seraphische wonnen

glimm gleiß und glaster
beinah knabenhaft deine stimme
wie viel fleiß
schleift makelfrei
wie viel schwere und
ordnung in ihre vokallinien
wie viel zähigkeit
schafft reinklang in jeden ton
wie viel härte und pflück
deinen zauber so sanft gegaumt
reife wie viel farb
zungt er nah lyrisch gelippt
wie viel klang phrasierung
atmest du ebenmäßige
wie viel lichte kraft
töne aus deinem instrument
wie viele nuancen silbrig
schimmern auren hinauf vielleicht zu
wie viel reichtum
venus saturn und jupiter
funkeln deine konzentrate
die broschen sind unseres himmelns

Gundula Janowitz: geb. 2.8.1937: österreichische Sängerin: Oper, Oratorium, Lied, Konzert.

## verstümt

sperrangeleng manchmal das geträum
war pechfinster alles zu derb geraten
schmach um schmach in a man's world
ragt ihr tonsockel aus mangelgründen
verhobelt den ansatz jedes sentiments
bitterspröd aus der gedrückten gurgel
einen althauch zu tief oft ihr stimmström
gewicht wirbelt archaisches aus dem
bauch mit einer überdosis energie
durch die verspannte kehlkopfritze
rast sie tobt zum platzen gereift hinaus
in die freiheit der verzweiflung zwei
tonbandsaiten schottern aus dem geröll
wörter die kullern im wildluftgetös
ans grobe licht derart jäh ziseliert
jede silbe ohnegleichen grimmig trotzt
aus ihrem schreieieiei als anker
in jeden song bebt er hitzig sich ein

Etta James: geb. 25.1.1938; gest. 20.1.2012; amerikanische Sängerin: R&B, Blues, Gospel, Jazz, Rock 'n' Roll.

## im flow

schlägst silbe für silbe du rast
los aus deinen wurzeln in nigeria
fügst soulige harmonien hinzu
ein aufleben der hautworte
sonnengeflechtsbeschwingt ihr
fließen ihr färben der melodien
die tiefe kraft deiner stimme
erfindet samtrumpelige beats
für deine sätze funkige ton
folgen die unsere imagination
herzaufgemischt überflattern
in rhythmisch pulsierenden versen
verkündest du *i am a poet*
voll zuversicht lässt deine noten
linien dienen den worten sie
tragen den groove deiner poesie
die körper und seelen feiert
uns eingängig welten verdichtet

Iyeoka (Iyeoka Ivie Okoawo): geb. 28.4.1975; nigerianisch-amerikanische Sängerin: Soulfusion (R&B, Funk, Hip-Hop, Pop, Jazz, Reggae); Dichterin, Poetry-Slammerin, Komponistin.

## wortbilder wühlen

und sprache wird inszeniertes material dir
die verschiedenen gesichter der worte
dazwischen wolkenweißes schweigen
das du tief unter unsere haut atmest in wellen
in kreisen in alte wunden legst sie schwingen
rhythmus vagabundieren durch unsere brust deine
stimme zieht keine grenzen beim aneinander
binden der töne mäandert aus ihrer schattenbox
weit hinaus in alle richtungen spiegelt sie den
blues wider zornkraft zartfragile aufgekratztheit
begleitet von feinfühligen soundmalern
entfaltet folk sie mit expressiven farbklängen
zum jazz anverwandelt sich soul überbrückt sacht
oder kratzig die distanz vom pop zum rock
während deine finger über klaviertasten
über die saiten der akustischen gitarre gleiten
zum reinklang mit brüchen der jedes mal
anders sich von deinen stimmlippen löst

Sophie Hunger (Emilie Jeanne-Sophie Welti): geb. 31.3.1983: Schweizer Sängerin: Pop, Folk, Rock, Jazz.
Pianistin, Gitarristin. Songwriterin, Komponistin.

# only the voice

für alle die eine stimme bloß
die so kraftvoll und klar
aufwühlt die mitreißt
eckenlos ohne kanten
vertaktet im
glühschwulst der fans
bist du popdiva superstar ikone
rolemodelschablone bist prüfstein
und möchtest normal sein
knöcheltief im pflichtdrill
vergospelt versoult sich
der glatte schmelz deines mezzos
will crossover alles und du
die eigene stimme wenigstens
kontrollieren als begehrte
verehrte number one lippensüß
verstopfst du dein blankes herz
mit kokain befriedest hinreißend
die laue seligkeit gibst du
jede note sauber zurück

Whitney Houston: geb. 9.8.1963; gest. 11.2.2012; amerikanische Sängerin: Pop, Hip-Hop, Gospel, Soul, Reggae. Schauspielerin, Produzentin, Model.

## lady day

und nach dem mond greifen will jeder teil von dir
für einen moment vielleicht unverletzbar doch
auch des nachts bleibt keine zeit für träume
unentwegt der missbrauch und auf distanz
die weißen gehässigen blicke
früh streckst du die stimme der ganzen länge nach
aus der gewalt bezeugst kraftvoll
und schattengleich dein wissen um den tod
der um die ecke lauert einzig treuer begleiter
gegen den du abends die weiße gardenie
ins haar steckst lieder ohne schlupfwinkel
oder nischen voll hingabe zum sieden bringst
lyrische synkopen phrasieren das wenig sichtbare
leid aus dem du legenden rankst denn vom sumpf
verhängnis kannst du niemandem erzählen
das eingeprägt in knorpel knochen jeden einzelnen muskel
deine lautfolgen fiedert die sich aus dir sinnen
mit ihren ausladenden flügeln im saal hängen bleiben
als silhou silhou silhouetten noch eine weile nachschwingen
draußen dann niemand oder wieder nur ein arsch
egal welcher im bodenlosen morast deiner geschichten
aus denen abend für abend das fest der stimme sich hebt
ach immer öfter driftet sie ab stromert zu viele schritte
zurück in die einen oder anderen außengebiete
die beinahe prächtig ineinander übergehen
dich nach dem jubel im scheinwerferglanz
in modernde zwischenräume führen eines drogenlabyrinths
das dir leber und stimmlippen morscht

Billie Holiday (Eleanora Fagan): geb. 7.4.1915; gest. 17.7.1959; amerikanische Sängerin;
Jazz, Blues, Balladen. „Lady Day"

## fassungen

dich schrägen verkanten genau hier
im relief deiner stimmlippenfilter
*sharks are pretty cool*
mit denen du die dunkle wut der
erinnerung in stücke singst
du würgst den schmerz herauf
gießt in deine worte sein harsches
knarren und knirschen das du
auf der zunge wiegst ehe du ihn rau
flirrend ausstreust im retrochic
deiner lieder hinausröhrst
souldurchtränkt ankern sie im blues
lassen die unersättliche sehn
sucht nach leben und lieben
in deinem geraspelten poprock
unter den füßen vibrieren

Alex Hepburn: geb. 25.12.1986; britische Sängerin: Blues, Pop-Rock, Soul. Songwriterin

## ohne zimperlicht

die gewichtigen kleider der tradition
willst du abstreifen als sängerin dir
zeitgenössische positionen erobern
denn schicht um schicht musikerin
bist du verliebt in diese welten
mit haut und seel doch wabert tief
in dir manchmal kindliche angst
komponisten und publikum
zu enttäuschen du untersagst sie dir
wieder und wieder bewegst noten
stattdessen voll ungestillter neugier
voll erfahrung durchwurzelt von außen
nach innen übersetzt sie in töne
getrieben von konzertierter energie
die nun von innen nach außen tanzen
in der reichen formensprache deiner
stimme geschmeidig phrasiert sie
ins offene wird fließende bewegung
die leichthin wogt in die muskeln
deiner nackten arme und weiter
zu den handinnenflächen umwellt
jeden einzelnen finger ein achtsames
atmen übersetzt ins klingen flüssiger
körpergesten expressiv und vielseitig
fokussiert mit der spannbreite deiner
hingabe spielst du faszination frei
mit der das glimmen deines glücks
sickert in jede faser unserer glieder

Barbara Hannigan: geb. 8.5.1971: kanadische Sängerin und Dirigentin: v.a. Musik des 20. und 21. Jahrhunderts.

## stetsamkeit

wie alles anfing im schubsen helfender
hände im folgen in glücklicher fügung
du gabst dir zeit zur entwicklung setztest
zwei kinder dir auf die schultern und töne
in ein gerüst aus disziplin technik und
koordinierter genauigkeit deiner hingabe
aus dem glockenheller zauber hoch
steigt bis zum dreigestrichenen f in den
koloraturenhimmel kein halb ausgeführtes
wollen kennst du kein flüchtiges mustern
sorgsam dehnst du dein repertoire breitest
silbern leuchtende belcantoteppiche aus
demonstrierst scheinbare leichtigkeit
beim spannen dramatischer bögen mühelos
springst du zwischen registern schwellst
töne an und ab differenzierst pianissimi
umspielst sie mit fiorituren um perfekt
gefühle mit deinem werkzeug zu gestalten
noch heute leuchtet deine stimme erinnert
präzis gespeicherte essenzen ihrer sommer
jederzeit abrufbar die archive deiner rollen
obwohl fünfzig jahre vergingen der herbst
erste reflexe in sie hineinrunzelt weißt du
immer noch töne mit hochglanz zu brillieren
sie von allen seiten zu modellieren bevor
du ihnen emotionale intensität verleihst

Edita Gruberová: geb. 23.12.1946; slowakische Sängerin: Oper, Lied.

# anverwandlung

alabasterfarben und schwarz
von anfang an
dazwischen die freiheitsgrade deiner
stimmlust und leidenschaft
im wahrsprechen deines wiegemuskels
*je suis comme je suis*
hingebungsvoll
probiert dein blick gedichte ihre
sprache ist wortplasma
pulst im liebesakt durch
deinen kopf eherne topoi sinnst du
buchstabe für buchstabe in deine zellen
bis auf den grund deines leibes
der formen und codes hinterherfühlt
fremder stoffe entfallen der zeit
werden sie in dir zu anderen
durch sie mit und von ihnen durchdrungen
belebst du sie mit dir
erst dann verwandelst du die schriftzeichen
in töne lässt sie leibinnen frei hinauf
in die resonanzräume deiner stimmvoliere
und in die anmut deiner hände fließen
melancholisch-erotische chansons
leichthin voilà hinaus in die weite

Juliette Gréco: geb. 7.2.1927: französische Sängerin: Chansons. Schauspielerin.

## störgeräusche

bloß bist du ein verträumtes kind
in anzug krawatte und herrenhut
reckst stückweis gewitter musik
aus seinem frauenkörper dem nur
welt ein zuhause wird beim spiel
mit geschlechterrollen ist das zwischen
von ihm und den anderen ein steinbruch
entkollert dir bleibt unbegreifbar
du treidelst unter falschen trudelst hals
über kopf aus jeder intaktheit wechselst
richtungen im musikbusiness stecken
stets unstete absichten doch vertraust du
viel zu schnell unbeirrbar lässt verwüsten
dich und dein geld und bist allein
die schwerkraft deiner stimme
sie wird nie zur waffe zum zielrohr
noch werden gesungene worte je munition
dein raubeiniger kehlkopf röhrt aus protest
sich sein nacktes herz hinaus in die welt
das uns die drift deiner apokalypsen
in bündeln von tönen ans ohr wiegt

Marla Glen: geb. 3.1.1960; amerikanische Sängerin: Blues, Soul, Pop, Gospel, Jazz. Sängerin, Komponistin; spielt Mundharmonika, Gitarre, Bongos.

## tandaradei

eingängige melodien dein umlächeln der intonation
dieses umspielen der noten wie nebenbei zierlich
verwandelst du deine scheu in die präzision der
leichtigkeit sinnst gute laune aus empfindsamkeit
mit der kein wort falsch nicht laut noch verletzend
nahe kommt sie wahrt bühnendistanz deine tändelei
schwingt den sommersüßen rhythmus des bossa nova
ins blut strandschwüle zärtliches das versiegen des
denkens wir werfen für ein paar augenblicke alle
lasten ab und uns in einen tanz voller freuden
der sich nach warmweicher haut sehnt dem erotischen
duft eines du statt dem gewicht unserer tagesklötze
beschwingtes zulässt eine abgeklärte gelassenheit

Astrud Gilberto: geb. 29.3.1940; brasilianisch-amerikanische Sängerin: Bossa Nova, Samba, Latin Jazz. Komponistin, Produzentin. „The Queen of Bossa Nova"

## lichtnerv

wenn töne auf einmal nottun
um das leid des eigenen körpers
für ein zwei stunden den schmerz
beiseite zu schieben
du machst sie zu leisen besen
die dich von schwere leerräumen
dies wunder der leichtigkeit
aus dir treiben lassen musik
schenkt dir neue zuversicht
fügt gerissenes aneinander
überbrückt jäh verschüttete pfade
mit eigenen kompositionen jazzt
du singst spielst und liebst dich
in eine andere freiheit deines jetzt
die nicht mehr still stehen will
sondern menschen umfassen
mit zwei zuversichtlichen armen und
der subtilen sinnlichkeit deines alts
voll inniger hingabe schweben
seine lieder mit leisem vibrato
zwischen ausgelassenheit und
fragiler melancholie die als gespinst
sich um unsere seelen weben

Melody (Joy) Gardot: geb. 2.2.1985; amerikanische Sängerin: Jazz, Blues, Soul, Pop. Songwriterin, Komponistin, Produzentin, Pianistin, Gitarristin.

# perfektion

tonschrittchen flüstern schon schwingst
du große pläne ins jetzt ins morgen
geradlinig wiegend für dich gibt es
keine kleinen dinge wenn du zwischen
den welten in deinem innern dir lieder
und arien anverwandelst sie entpuppst
unter den lichtkegeln fällt nichts
darf nichts dazwischen flitzen
du hast dich glasklar dressiert die stimme
akribisch poliert deinen edelstein
der nun in allen lagen glänzt
dein runder mezzo fließt mit zartem
vibrato wechselt ohne umwege ohne
barocke verzierungen die register mit
einem hauch von silber in den höhen
warmsamtig in den mitten und elegisch
aus den tiefen leuchtend betört er auch kraft
deiner nuancierten messa-di-voce-technik
die vollendetes ins rampenlicht aufspannt
während die härte des wegs undurchsichtig
bleibt geheimnisvolle qualität

Elina Garanča: geb. 16.9.1976; lettische Sängerin: Oper, Lied.

## eros und halleluja

*just doing my thing* sagtest du
wolltest deine arbeit nicht analysieren
nicht den weiten weg vom wunderkind
zur ikone afroamerikas und des feminismus
hellwendig singt dein mezzosopran
nie sentimental nie nett kitschig nie
doch mit genauigkeit diszipliniert
das timing harmonischer sinnlichkeit
die verspieltheit deiner interpretationen
als würdest du mitten in einer bar oder
in einem verrauchten nachtklub eine mess
feier zelebrieren abend für abend brodelnde
inspiration und sensibilität auf bühnen
wo du voll inbrunst hinter dem beat
kreiselst dir worte oder silben über mehrere
noten glorios in die länge singst dazu deine
hände über die klaviertasten gleiten lässt
facetten deines soul den du mit gospel und pop
melangierst hymnisch *just doing your thing*

Aretha (Louise) Franklin: geb. 25.3.1942; gest. 16.8.2018; amerikanische Sängerin: Soul, R&B, Gospel, Pop. „Queen of Soul". Songwriterin, Pianistin, Schauspielerin.

## queen of jazz

deine musizierlust abend für abend
mit geschlossenen augen spürst du
dem sound nach feinsten nebentönen
und unterklängen ehe du ihn
bei jedem auftritt aus dir heraus
neu entwickelst mit schierer freude
beim jazzen bringst du unbekanntes
im bekannten zum leuchten in kleinster
besetzung oder mit bigbands orchestern
deine töne zum tanzen geschichten
in deinen liedern zum schillern flirrst
aus deinem instrument preziosen
stets auch dein verlangen nach liebe
denn singen ist leben
fröhlichleicht und sicher
intoniert deine mädchenhafte stimme
die kraftvoll jubiliert samtwarm
durch bluesige tiefen glitzert hoch
lodert dichten groove wenn sie scattet
improvisiert oder jammt oder in balladen
swingt biegsamsten ausdruck dessen
schattierungen du übermütig erweiterst
und lässt deine seelenstimmen frei
uns ihre worte und klänge auskosten

Ella (Jane) Fitzgerald: geb. 25.4.1917; gest. 15.6.1996; amerikanische Sängerin: Jazz, Bebop, Blues, Swing, Pop, Gospel, Bossa Nova. "First Lady of Song", "Queen of Jazz", "Lady Ella".

## feinsinnig

mut entscheidungen mitgefühl
mittendrin die dunkle waage deines alts
du blickst den schrecken der welt ins auge
knüppeln und krüppeln dem bestialischen
im grauen fleisch der macht und ver
hältst dich selbstbewusst schon als du jung
ohne resignation ins rampenlicht des exils trittst
eine frage von zunge herzblut und anstand
kämpferisch mit der wucht der geduld offen
barst du deine freude am singen belebst
niemals hektisch mit kontrolliertem vibrato
dein milieu kraftvoller töne und die schönheit
von worten und silben großer griechischer
dichter die aus den noten von mikis theodorakis
steigen mit deiner stimme und wenigen gesten
werte wie demokratie freiheit die verständigung
der völker beschwören in deiner gestaltung
seiner lieder die der griechischen folklore
sonor ein neues gewand wirkt und webt

Maria Farantouri: geb. 28.11.1947: griechische Sängerin: Folk, Chanson, Pop, Jazz. Politische Aktivistin, „Greek Voice of Resistance"

## kreolischer kristall

bars und lokale fischerkneipen jahrelang
sangst du im unaufgeregten für nichts
und wieder nichts oder bloß einen drink
von den dramen eines einfachen lebens
und plötzlich strömt dich kleine
die aura einer weltmusik zu spätem ruhm
denn auf den plätzen im dunklen sind wir
mit geschlossenen augen auf der suche
nach dem ungebrochenen im schein der
authentizität die unsere seelen fiedelt
in wallenden kleidern auf bühnen
bleibst inselbegabt du dir mit dem meerblick
eine afrikanische frau ohne diva-allüren
blutest unsinkbare lieder im rhythmus der wellen
aus ehernen wunden den cocktail verlorener
magien aus den tiefen deiner verrauchten lungen
hebst du ohne sichtbare emotion als süße
schwermut an deine lippen die schwelende
trauer der morna von der wir kein wort
verstehen die strömung der sinne bloß spüren
in den gleitenden glissandi deines alts
der herb und seidigweich
sodade in die freiheit deines timings tänzelt

Cesária Évora: geb. 27.8.1941; gest. 17.12.2011; kapverdische Sängerin: Morna, Coladeira

## resonanz und widerklang

die tradierte musik willst du einfangen voll
spürsinn in schleifen geschwungene töne
an denen sich buchstaben ranken zu worten
wie atemluft die du aus mündern und kehlen der
ahnen stiebst ohne staub ohne patina
zeitgemäße klanggefilde arrangierst zur
drängenden sorgfalt von saz bass und klarinette
dein klagen schreien schluchzen dies flehen
wird nie stumm nie duldungsstarr sondern
frischt originär auf in deinen kompositionen
aus denen jazz und mediterrane musik pulsen
und mehr wollen als rhythmisch standhalten
dein aufbegehren treibst du geschichtsweis
aus den lippenlinien der drangsalierten
für die du mitreißend neue aus euren wurzeln
genährte lieder lautluftig sprießen lässt

Aynur Dogan: geb. 1.3.1975: kurdisch-türkische Sängerin: Ethnomusik, Folk, Jazz. Songwriterin: spielt Saz.

# azúcar

dies ist der schlachtruf deiner kubanisch gefiederten stimme
die tonsicher derart beharrlich aus der männerwelt des salsa
sich hebt voll energie und haltlose fröhlichkeit weckt
du hast sie mit pailletten perücken hohen stöckelschuhen
dekoriert streichelst umsichtig unsere beschwertheit
mit afrikanisch gefärbten klängen das allmähliche erzittern
durch ihre berührung die federleicht von hand zu hand
von fuß zu fuß schmunzelt uns treiben lässt in die freude
am gemeinsamen atmen am tanzen am lebendigsein wenn rein
dein gesang ohren beschwingt herzen auch die abgelegenen
teile des hirns weil wir ein paar augenblicke unbeschwert lieben
in leichten sommerkleidern so nah bei dir und inniglich
vergnügt bis weit in den nächsten tag hinein

Celia Cruz (Ursula Hilaria Celia de la Caridad Cruz Alfonso): geb. 21.10.1925; gest. 16.7.2003;
kubanisch-amerikanische Sängerin: Salsa, Guaracha, Son, Rumba, Bolero.
„Queen of Salsa", „Queen of Latin Music", ".Azúcar".

## **lebensfunkeln**

ein würfel ohne aug der tod
auch deiner fällt viel zu früh
was niemand wissen will
am wenigsten du selbst
im frei bestimmten atmen
das laute ist schneller schnellstens
die kommerzielle norm
doch du verweigerst dich
all diesem scheiß bleibst lieber wenig
bekannt im hintergrund und erst
posthum glänzt schüchtern ruhm dir
heute noch schweben momente
für weilchen näher musen ins ohr
kristallklar warm und biegsam
schmiegen sie sich uns ein
ergreifen rühren behutsam auf
gar melancholisch lässt treiben du
deine stimme an ihre ränder
perlen zum sound deiner gitarre
wider ängste nun zu versagen
quellwärts zwo drei vier wohl
bekannte lieder aus denen ton für ton
essenzen du extrahierst sanft
grün und schwalbenleicht
von dir neu nachempfunden

Eva Cassidy: geb. 2.2.1963; gest. 2.11.1996; amerikanische Sängerin: Folk, Gospel, Blues, Jazz, Pop. Gitarristin.

## resonanzräume

stille zum zerreißen gespannt plötzlich
erste töne aus den tiefen deines mundes
wie perlen so klar so rein jede silbe
auf den lippen ihr lieben ihr leiden ihr lachen
konzentriert deine stimme nuanciert
tief hinein in figuren fliegt
im überschwang des filigranen
belcanto die oktaven derart mühelos
über drei register hoch sich bis zum
dreigestrichenen e bis zum f
hinauf in den sopranistinnenhimmel

den du ach den du mit füßen trittst
viel zu früh alles wird viel zu schwer la divina
verzitternd im dunklen versteck
irgendwo unterm zwerchfell plötzlich
zwischen leber und milz vielleicht diese
angst lähmt dich fest ins bauchfell
das jede stütze ververversackt dir
la primadonna das gewicht jeder note
zerwackelt die idee der höhen im pressen
forciert das charisma lalalabernder
lippen in denen noch erinnerung lebt

Maria Callas: geb. 2.12.1923; gest. 16.9.1977; griechische Sängerin: Oper. „La Divina".

# expressive essenzen

im wildwuchs der stile atmen von anfang an
lost in sound zwischen flamenco und jazz
auch funk und soul tätowiert deine haut
in der du ungestüm voller noten wohnst
samt deiner blutharfe die zum schmelztiegel
wird mit ihren zwei saiten leidenschaft
eine poetische verbindung von wahrheiten
sogar jenseits der worte lauten sie tränen
regen hoffnung und schmerz von ihren rändern
frischen melancholie auf impulsive
freude lassen sie zu uns rüberprickeln
im rausanften surren liebender energien
deiner zünglein und zungen der hingabe
die heiser glimmen sich wild in den
glücksgroove wirbeln ein rhythmisches
schillern spotten ein flüstern eigenmächtig
ihr rauchiges lachen lebt varianten ihrer
soundseelen sich aus deinem leib

Concha Buika (María Concepción Balboa Buika): geb. 11.5.1972; spanische Sängerin: Flamenco, Soul, Jazz, Funk, Copla Andaluza. Komponistin, Produzentin, Filmemacherin, Schriftstellerin.

## bestimmte leichtigkeit

rastlos ruht es in dir dieses aufgehobensein
in der musik wird zum anfang in dem treue
ängste im übermaß deiner selbstkritik immer
weniger rollen spielen du staunst dich an
erlaubst einfachheit jetzt bist dir lieber
ein lächelnder mund der im gesang seinen
hafen erschafft dein sicheres ankern im selbst
komponierter melodien voll zutrauen
hebt er laszives lebenslust leid lichterloh
aus den stimmfluten der welt
als schlüpfe by the way
sprödeste nähe in sinnliche leichtigkeit
glockenhell intonierst du im mittendrin
oder hauchst rrrrollst quäkst gurgelst fauchst
unsere verwundungen erzählst kerniges
von liebespoesien und expressiv vom
ungeschönten knarzen der narben im
netz der lebenswürfe die du ein konzert
lang mit deiner stimme bereist

Rebekka Bakken: geb. 4.4.1970; norwegische Sängerin: Pop, Jazz, Folk, Country, Soul, Blues. Pianistin, Komponistin, Arrangeurin.

## passion

1.
nicht die x-te traviata aida la bohème
gepflanzt in die zeitlosigkeit
sagst du vielleicht später
meinst möglich doch
für deine stimme eher nie
du züngelst natürlich rege
bist wendig ein kind der zeit doch
dein kehlkopf ist kein gebrauchsort
kein blendgut für massenware
liebt statt dessen exzentrisch
das begehren des 18. jahrhunderts
fühlt den reichtum deiner freiheit
im eigen sinnigen repertoire
entworfen mit prallsattem timbre
oder mezza voce lichternd
noch den tiefklang der stille
mit differenzierender zärtlichkeit

2.
nur ein kleiner schritt
aber diese herzlust der stimmflügel
ihr kontrolliert gespanntes leuchten
das emotionen bündelt im schaudern
empor aus einer entzauberten realität
in der leidenschaft lieber ungestillt in der
geldbörse drängelt oder virtuell sich
bedient auf irgendeinem bildschirm
statt dessen empor nun also schaudern
wir im perlenden strahl deines mezzos
seines dunklen körperreichen timbres
das durch gehörgänge gleitet in auf
merkende stillen nachklingt uns
lächeln lässt welch ein segnen
gießt fülle in den sich weitenden
himmel stern für stern freier
im widerhall der unsren
begeisterungshunger erträgt

Cecilia Bartoli: geb. 4.6.1966: italienische Sängerin: Oper.

# fusionen

kann ein gedicht kann ein lied welten ändern
und sei es noch so packend interpretiert
seelenvoll deine stimme derart klar
ohne allüren sammelst du bewahrst
palästinensische quellen vor dem vergessen
schaffst auch eigene betörend störrische
zärtliche texte nie handfeste wut
nicht harsche agitation bist du sondern ein
dringliche poesie der du melodien
schenkst dein amalgam aus ost und west
aus tradition und vitaler moderne
schmiegst es in bestickte kleider spiegelst
licht im silber deiner ringe und ketten
wenn du die lippen öffnest hinter denen
dein instrument wartet sich erhebt
für liebe für menschlichkeit und erzählt
von unvernarbten wunden von kindern in
flüchtlingslagern und vom blut das auf dem
weg in die freiheit den rhythmus aufwühlt
auch noch mit der kraft des sprechens als deine
stimmbänder durch therapien erlahmten
hast du symbolfigur nie einen zweifel beklagt

Rim Banna: geb. 8.12.1966; gest. 24.3.2018; palästinensische Sängerin; Folk, Pop, Kinderlied.
Songwriterin, Komponistin, Arrangeurin, Friedensaktivistin.

## stimmstäblich

eine substanz herstellen die wie ein luftkeks
dann tief am grunde aber in uns grummelt
und bitzelt was vermag ein gewissen schon
verbeißt es mit beharr sich durchästelt gewalt
oder umschlingt das globale kriegsorgeln
mit liedern anfangs strahlend hell heute rippelig
gefasst spannst du mit deiner gitarre
seit 60 jahren zwischen eure töne
kritik an vaterlandschaften am lungern
in mustern aus denen angst bis an die zähne
bewaffnet sich ihre objekte willigt
dagegen lüpfst du die lichte kunst deiner
stimme wie ein transparent hörst nicht auf
an die kraft des freien subjekts zu glauben
seine würde die solidarität der gewaltlosigkeit
du legst dir noten auf führst den rhythmus
des folk quer durch die furcht und wir summen
mit jäh dies erfassen dass weltweit niedertracht
herrscht zu viel gelenkige gewalt und in der stille
danach sirrt unüberhörbar wie ähnlich wir
einander sind was uns fehlt

Joan (Chandos) Baez: geb. 9.1.1941; amerikanische Sängerin: Folk, Gitarristin,
Bürgerrechtsaktivistin, Pazifistin.

# echolust

das kosmopolitische suchen und finden
schließlich die poesie deiner aneignung
mit klarer stimme und lebhafter präsenz
auf bühnen lässt du alte melodien
virtuos erfunkeln deine musik
als nachfahrin des rembetiko
dieser verruchten lieder der ausgestoßenen
inspiriert von nostalgie wendest du
dich der schönheit seiner wurzeln zu
liebst die vielfalt des mediterranen blues
dieses erbe das ein zuhause ist
du verleihst ihm heutige klangfarben
mit geschmeidiger intonation überschreitest
die grenzen von sprachen und regionalen stilen
zeilenweis ziehst du linien von echokammern
zu wahrhaftem fühlen spürst ähnlichkeiten nach
statt bloß nach differenzen zu schürfen wie alle
mit emotionaler tiefe erzählst du geschichten
von freuden und leiden der liebe von armut
migration der traurigkeit des exils und
quirlst dein bluesiges gespinst mit einem
lächeln beschwingt zu neuem leben

Çigdem Aslan: geb. 1980; kurdisch-türkische Sängerin: Rembetiko/Smyrneiko, Folk, ägäischer Blues.

# eine von uns

kratzbürsten das gewicht des erlebten
erst dann gerade linien ziehen
die zum text zu den noten führen
immer wieder wendest du dich um
durchstreifst stimmgewaltig dein haus
aus vertrauten räumen mit worten
in blau und hellorange zuweilen
schwarzweiß deine gedanken
gefühle lauten auf werden herbsanft zu
seelenbrüchigen bögen aus ganzen
und halben tönen dazwischen erinnerungen
an beziehungshimmel höllen alltag
geschichten von halboffenen augen
körperstürmen zweifeln und einsamkeit
die gekrächzt oder voll wucht gesoult
dir wie uns gehören uns einander zu
wenden in deinen balladen vereinen
sie legen sich als wärmende decke
um unsere schultern unter der die pulse
gemeinsam aufflackern und funken leicht
lippig zeichen deiner wehrhaftigkeit

Adele (Adele Laurie Blue Adkins): geb. 5.5.1988; britische Sängerin: Pop, Soul. Songwriterin.
Gitarristin, Bassistin.

# Anmerkungen

Beko: traditioneller madagassischer Blues

Fioritur: Gesangsverzierung in Arien

Glissando: das gleitende Verändern der Tonhöhe

Jorongo: mexikanischer langer Poncho

Kalimba: afrikanisches Daumenklavier

Laid-Back-Phrasierung: verzögert hinter dem Beat singen und spielen

Messa-di-Voce-Technik: An- und Abschwellen eines einzelnen, lang ausgehaltenen Tons

mezza voce: mit halber Stimme, halblaut, etwas verhalten singen

Morna: bluesartige Musik Cabo Verdes, ähnlich dem portugiesischen Fado

pitch-perfekt: mit exakter Tonhöhe

Scatgesang: das Singen von Silbenfolgen ohne Wortbedeutung oder Sinnzusammenhang, die Stimme wird lautmalerisch benutzt.

Sodade: kapverdische Abwandlung des portugiesischen Begriffs Saudade, Musikstil, der melancholische Sehnsucht, einsame Klagen und Weltschmerz ausdrückt

Vokalise: Musikstück, das ohne Worte nur auf Vokalen und Silben gesungen wird, die Stimme bildet dabei oft das Spiel von Instrumenten nach

Ich danke Eva und Wolfgang Holzmair, Julia Lajta-Novak, Barbara Neuwirth, Eva Austin, Nicole Mahal und einigen anderen, die das lange Werden des Buchs begleitet haben - danke für eure Anregungen und Herangehensweisen, eure konstruktive Kritik, das Aushalten meiner Zweifel und euer Bestärken. Und ich danke Dinçer Güçyeter für die herzliche Einladung, das Buch in seinem Verlag zu veröffentlichen.

# Inhaltsverzeichnis

touchée ............07
glockenspiele ............08
animae ............09
scherbenspiel ............10
gläsernes sentiment ............11
rändern ............12
wenn du singst ............13
schmerzenslust ............14
willenssachen ............15
zeitlose ............16
facettenreich ............17
takten und lichten ............18
korrespondenzen ............19
urknallhybride ............20
hohepriesterin des soul ............21
euphonie ............22
wund ............23
haus mit vielen stimmen ............24
im zwischen eins ............25
la môme piaf ............26
bittersüß ............27
verkörpern ............28
macht der einfachheit ............29
klangsinnlichkeit ............30
weiträumiges improvisieren ............31
gospedelia ............32
aufrühren ............33
schattenblüten ............34
pure intensität ............35
schöpfung ............36
une voix jazzée ............37
mama afrika ............38
arabische nachtigall ............39
seim ............40

| | |
|---|---|
| grandezza | 41 |
| auratisches leuchten | 42 |
| extravaganzen | 43 |
| bestäubt | 44 |
| seraphische wonnen | 45 |
| verstümt | 46 |
| im flow | 47 |
| wortbilder wühlen | 48 |
| only the voice | 49 |
| lady day | 50 |
| fassungen | 51 |
| ohne zimperlicht | 52 |
| stetsamkeit | 53 |
| anverwandlung | 54 |
| störgeräusche | 55 |
| tandaradei | 56 |
| lichtnerv | 57 |
| perfektion | 58 |
| eros und halleluja | 59 |
| queen of jazz | 60 |
| feinsinnig | 61 |
| kreolischer kristall | 62 |
| resonanz und widerklang | 63 |
| azúcar | 64 |
| lebensfunkeln | 65 |
| resonanzräume | 66 |
| expressive essenzen | 67 |
| bestimmte leichtigkeit | 68 |
| passion | 69 |
| fusionen | 70 |
| stimmstäblich | 71 |
| echolust | 72 |
| eine von uns | 73 |